Die Wahrheit über Roswell
Der Zugang zur Hohlerde und die Reptoiden

Herold zu Moschdehner

Die Wahrheit über Roswell
Der Zugang zur Hohlerde und die Reptoiden

Bibliografische Information durch

Die Deutsche Bibliothek:

Die Deutsche Bibliothek verzeichnet diese Publikation in der Deutschen Nationalbibliografie; detaillierte bibliografische Daten sind im Internet über http://dnb.ddb.de abrufbar.

ISBN 9783735738615

Copyright (2014)
Herstellung und Verlag: Books on Demand GmbH, Norderstedt
Alle Rechte beim Autor.

13,90 Euro

Herold zu Moschdehner hat sich mit einem gewissen Harald zu Mauschwehner (Name von Autoren geändert) getroffen. Dieser berichtete ihm per Email, dass er in Roswell gearbeitet habe und das er dort mit Wesen zu tun hatte, die den meisten Menschen unbekannt sind.
Moschdehner lud ihn ein und so finden sie nun in diesem Buch das Interview in 1:1.
Angstbringend, verrückt und doch leider real.

Können Sie beweisen, dass Sie jemals in Roswell gearbeitet haben?

Ja, das kann ich. Schauen Sie hier!

Ihr Hände?

Und die Schwielen!

Ja, aber was soll mir dies nun sagen?

Das sind spezielle Schwielen. Sehen Sie die harte Kruste? Das passiert nur in Roswell.

Haben Sie keine Unterlagen?

Nein, so alt bin ich auch nicht. Beziehungsweise auch nicht so jung, aber Babys tragen ja auch Windeln.

Sie können es also nicht beweisen?

Das was ich erzählen werde beweist genug.

Ich bin gespannt. Von wann bis wann haben sie dort gearbeitet?

1950 – 2000

Das ist doch Quatsch. Sie sind doch gerade mal 35 Jahre alt.

So sehe ich aus oder?

Ja.

Hängt alles mit Roswell zusammen!

Wie das?

Dazu komme ich noch. Ich würde aber gerne erst einmal erzählen, wie ich nach Roswell gekommen bin.

Nun gut.

Also ich war damals ein reiner Jungspund und hatte von einem angeblichen Ufo-Absturz gehört. Da bin ich einfach zu dem Gelände und hab angeklopft.

An einer Tür? Und Sie sind einfach hin?

Ja, klar. Aber da war keine Tür. Es war ein Zaun und es gab eine Klingel. Ich klingelte und zwei Minuten später kam ein Jeep und nahm mich mit ohne zu fragen.

Das waren Soldaten?

Ja, sie sahen auf jeden Fall so aus. Es waren vier Menschen, die sich weder mit mir noch miteinander unterhalten haben.

Haben Sie nichts gefragt?

Doch, sogar in mehreren Sprachen, aber sie haben mich nicht einmal angesehen. Es dauerte zehn Minuten bis wir an einem Gebäude ankamen. Alle stiegen aus und ich wurde in einen sehr hellen Raum geführt. Ein großer Mann kam herein und fragte auf deutsch „Sie sind

Deutscher?". Ich bejahte und er erzählte mir, dass er die ganzen Amis nicht mehr sehen könne und ob ich nicht gleich hierbleiben und für ihn arbeiten wolle. Ich unterzeichnete einen Vertrag, den ich bis heute nie gelesen habe und wurde dann erst einmal entlaust.

Sie hatten Läuse?

Nein, aber es wurde so genannt. Sie haben mich am ganzen Leib abgeschruppt, meine gesamten Haare entfernt und meine Körperöffnungen ausgestülpt und gechlort.

Aua!

Von den Schmerzen habe ich nichts gemerkt. Man hat mir vorher was zu Trinken gegeben.

Narkotika?

Wat weiß ich. Stand kein Schild drauf uns ist 60 Jahre her.

Ich frag ja nur. Wie waren denn Ihre ersten Tage?

Die waren ganz normal. Ich hatte die handschriftlichen Aufzeichnungen des Professors, der Deutsche war Forscher, abzutippen und es handelte sich dabei um wirklich unverständliches Zeugs. Ich habe auch nie gefragt. Hätte auch gar nicht gewusst, was ich da hätte fragen sollen.

Und dann?

Ich war 10 Jahre auf dem Gelände und sah, wie zwei Soldaten in einen Raum gingen und nicht mehr herauskamen. Als ich nachschaute war der Raum leer. Da dachte ich noch, dass ich wohl im Stehen eingeschlafen war, aber es machte mich aufmerksamer und ich sah immer wieder so Kleinigkeiten die mysteriös waren.

Zum Beispiel?

Ich erzähle doch gerade. Also nachts summte das gesamte Gelände und es waren merkwürdige Lichter unter meiner Bettdecke.

Bitte?

Nicht am Himmel?

Wieso am Himmel?

Wegen den Außerirdischen!

Außerirdische? Sie haben sie doch wohl nicht alle!

Sie haben mir im Vorgespräch doch erzählt, dass sie dort fremde Wesen gesehen, mit ihnen gesprochen und viele Jahre mit ihnen in Kontakt standen.

Das ist richtig, aber ich habe nicht gesagt, dass es Außerirdische sind. Aber dazu komme ich gleich. Also diese Lichter unter der Bettdecke konnte man nicht fassen und wenn man es versuchte flüchteten sie blitzschnell hinfort. Ich sprach mit dem Professor, aber der lächelte dann meist nur

verschmitzt und meinte, das sei hier normal. Liegt wohl an der Atmosphäre.
Also das alles mehrte sich und irgendwann wurde ich zu meinem Vorgesetzten gerufen. Er beglückwünschte mich zu meiner Verschwiegenheit und meiner Loyalität und meinte, er wolle mich eine Stufe weiterbringen. Damals habe ich nicht kapiert was er wollte. Eigentlich weiß ich es immer noch nicht.
Er hatte gerade den Satz beendet, da veränderten sich seine Auge und seine Haut.

Beschreiben sie dies bitte.

Also das Weiß der Augen wurde dunkel und die Pupillen wurden zu Schlitzen. Die Haut wurde graugrün.

Und was passierte dann?

Ich schaute ihn an, er schaute mich an und wir lachten. Ich weil ich dachte, ich sei auf LSD und mein Chef weil er mein Denken lustig fand.

Er konnte ihre Gedanken lesen?

Ohne Weiteres, ja. Er erzählte mir dann, dass er ein Reptoide sei und eigentlich im Inneren der Erde wohne. In der sogenannten Hohlerde. Roswell kaschiere nur einen der Zugänge zu der Unterwelt.

Haben Sie das geglaubt?

Hallo? Vor mir stand ein Echsenmensch, sprach mit mir durch meine Gedanken und ich hatte endlich begriffen, dass ich kein LSD genommen hatte.

Das ist doch unglaublich!

Ist es das? Zeigt die Geschichte der Menschheit nicht immer wieder Drachen und Mischwesen? Das alles waren die Reptoiden. Sie wohnen schon immer im Erdinneren. Da gibt es einen Erdkern der gleichzeitig Sonne ist. Ich hab ihn selbst gesehen und angefasst. Deswegen die Schwielen.

Und die Außerirdischen?

Vollkommener Quatsch.

Quatsch? Ja, ein Ablenkungsmanöver. Wer nach oben guckt, guckt weniger nach unten. Und unten gibt es eben sehr viel mehr zu entdecken. Sie können sich gar nicht vorstellen, wie weit diese Wesen entwickelt sind. Ich hab ihre Welt gesehen. Es ist erschreckend, aber auch beängstigend. Diese sogenannten Außerirdischen mit der grauen Haut und den großen Augen sind so was wie Arbeitssklaven für sie. Die großen Augen sind unter Tage ja auch viel logischer. So kann mehr Restlicht aufgenommen werden. Außerdem zeigt deren ungesunde Hautfarbe ja auch, wo sie herkommen. Wer viel an Sternen vorbeifliegt hätte ja dann sonst braune Haut. Ist doch logisch.

Wo kommen diese Wesen her?

Welche?

Beide.

Also diese Reptoiden waren schon immer da. Sie haben sich aus den Dinosauriern entwickelt. So, wie wir uns aus den Säugetieren entwickelt haben. Die Grauen sind gezüchtet worden.

Aus was?

Aus Menschen. Deswegen gibt es auch Sagen, dass Drachen Königstöchter und so weiter gestohlen haben. Sie brauchten einfach Material für die Begattungsexperimente. Heute sagt man ja auch, dass die Adligen blaues Blut haben.

Ja, wie passt das?

Diese Entführten kamen manchmal auch wieder frei und hatten dann eben merkwürdige Andersartigkeiten. Wie zum Beispiel blaues Blut oder wie bei dem Vlad Dracul dieser Durst nach Blut. Letzteres haben übrigens alle Reptoiden.

Und sie leben noch?

Ja, ich war anderweitig wichtig. Außerdem haben sie ja die gezüchteten Grauen. Deren Blut wird abgezapft und enthält alles was sie brauchen. Dies ist auch der Grund warum es keine Echsenübergriffe mehr auf Menschen gibt.

Das klingt irgendwie zu verrückt.

Das Außerirdische abstürzen, man Experimente mit ihnen macht und die UFO-Technologie in Roswell erforscht wird klingt glaubhafter?

Na ja.

Wissen Sie, die ganzen angeblichen Beweise wurden eben wissentlich gestreut. Gerade damit sie daran glauben. Die Gezüchteten eigneten sich sehr gut als Außerirdische und da die Reptoloiden auch Gedanken beeinflussen können, waren die Zeugen schnell und leicht überzeugt.

Reptoloiden?

Reptoiden, Echsenmenschen oder Reptoloiden. Sie wissen doch was ich meine. Die genaue Bezeichnung können wir mit unseren Kehlköpfen eh nicht erzeugen.

Haben Sie noch Kontakt zu den Reptoiden?

Ja.

Und wie?

Sie rufen mich an oder senden eine WhatsappNachricht.

So modern sind die?

Unsere Moderne kommt aus dem Inneren der Erde. Von daher, ja sind sie. Die Oberen der Regierung wissen natürlich von den Vorkommnissen im Erdinneren, aber um keine Panik zu vermeiden bleibt es geheim. Und sie bekommen Bodenschätze.

Gold?

Ja, Gold. Gold ist sozusagen die Pisse der Reptoiden.

Sagt man so?

Nein, es ist der versteinerte Urin der Reptoiden. Deswegen ja auch so selten. Es bedarf gewisser Effekte damit eine Flüssigkeit verkrustet und dann versteinert. Sie werden nirgendwo eine Antwort finden, wo Gold herkommt. Es gibt die Theorie, dass es aus dem Weltall kommt. Damit hat man wieder den Effekt. Gucken sie nach oben, dann schauen sie nicht so stark nach unten.

Was haben diese Reptoiden vor?

Momentan nichts, aber sie wollen in Ruhe gelassen werden und das ist bei Menschen eben schwierig. Sie sind begierig nach Neuem, bleiben an einer Sache dran und forschen. Deshalb sind alle Zugänge zur Obererde versteckt, versiegelt oder beschützt.

Warum lässt man sie eigentlich darüber reden?

Es war mein Wunsch. Ich fühle mich damit besser und man meinte, dass mir eh keiner glauben wird. Nach 50 Jahren Arbeit und Dienste für diese Wesen habe ich es mir auf jeden Fall verdient.

Wo sie das gerade noch einmal erwähnen. Wieso sehen sie so jung aus?

Ich sehe nicht jung aus. Ich bin auch jung. Mein Körper ist geschätzte 35 Jahre alt.

Wie kann das sein? Wann wurden sie geboren?

Im Jahre 1930.

Dann sind sie doch über 80 Jahre alt.

So ist es, aber Reptoiden werden uralt und der intimere Kontakt mit ihnen hat mir ein wenig ihrer Lebenskraft gegeben.

Intim?

Ja, ich habe sexuellen Verkehr mit ihnen getrieben. Sozusagen wurde ich genutzt. Deswegen meinte ich vorhin, ich war ihnen nützlich. Sie haben alle eine Art Kloake. Das fühlt sich sozusagen wie eine weibliche Vagina an. Also nicht so schlecht wie es sich anhört. Es brennt nur ganz schön dolle. Und seitdem spüre ich in mir eine große Kraft. Sie ist nun ein wenig verebbt, aber immer noch da. Diese Wesen haben wirklich besondere Kräfte.

Was können Sie denn noch alles?

Sie können jegliche Gestalt annehmen. Auf jeden Fall scheint es so. Eigentlich konfigurieren sie einfach das Gehirn des Menschen um und dieser sieht dann das, was der Reptoid ihn sehen lassen will. Sie haben natürlich ein ganz spezielles Verhältnis zur Erde und können auf Anhieb Wasseradern finden und/oder Bodenschätze. Sie sind sehr alte Lebewesen und haben deshalb eine gewisse Ruhe, die abfärbt. Ich bin in ihrer Gegenwart noch nie ausgeflippt. Es gab genug Sachen, die ich gesehen habe, bei denen ich vor Schock hätte umfallen müssen. Aber nein, ich hab alles wahrgenommen und beobachtet, aber eben ohne innere Regung.

Narkotikum?

Was weiß ich. Was haben Sie immer mit ihrem Narkotikum?

Ich meine ja nur. Vielleicht drüsen die Wesen das ja aus.

Narkotikum?

Ja.

Nein.

Woher wissen sie das?

Ich weiß es einfach.

Werden sie noch einmal nach Roswell?

Nein, was soll ich da, aber im Erdinneren bin ich öfter. Es gibt einen Zugang in Bobitz.

Hier bei uns?

Ja.

Unsere Leser interessiert sicher noch genauer, wie es dort unten aussieht.

Schön ist es dort. Kommt aber auch drauf an wo man eintritt. Der Zugang hier ist anders als der Zugang in Roswell. In Amerika sind fast alle Zugänge durch angebliche Militärbasen gesichert und auch ausgebaut. Dort kann man mit einem Lift recht weit hinunter. Hier muss man sich umständlich bringen lassen.

Bringen?

Ja, von diesen Untertassen. Die fliegen zwar auch, aber sind eher dafür da Materie zu durchdringen. Es gibt ja auch Untertassen die ins Meer eintauchen. Die wollen nicht auf den Meeresgrund sondern hindurch. Deswegen brauchen die Reptoiden auch keine Zugänge mehr.

Wieso schütten sie Roswell dann nicht zu?

Aus Tradition. Diese Zugänge sind älter als die Menschheit und es bedarf auch im Erdinneren Frischluft und Kosmenstaub. Ich kann aber auch direkt jetzt einmal nachfragen, wie ein Reptoid das erklären würde. Moment. Ok, er sagt, ich habe das schon richtig gesagt.

Wer, was?

Mein Professor. Ich habe gerade mit ihm gesprochen. Wir haben eine gewisse Verbindung.

Durch das Intime?

Ja.

Ich erinnere mich, dass ich über Reptoloide sogar schon mal was gehört habe. Da denkt man meist, dass diese in den Regierungen sitzen und dort leiten.

Fast richtig, aber sie leiten nicht und sind auch nicht zugegen. Sie machen das so, wie ich jetzt gerade mit dem Professor. Er gibt mir Ratschläge und wenn ich mag, handele ich danach. Mir ist aber durchaus auch bewusst, dass er die totale Kennung hat..also handele ich auch danach.

Das geht da also ab in Roswell.

Das geht da ab.

Und was ist das?

Ich hab Ihnen noch ein paar Bilder mitgebracht!

Danke für das Gespräch.

Bitte, bitte.